# 我们的钱币

WO MEN DE QIAN BI

全景图说中国文明

赵娜◎著
童悦◎绘



中国轻工业出版社

**图书在版编目（CIP）数据**

我们的钱币 / 赵娜著；童悦绘 . -- 北京：中国轻工业出版社，2024.12
（全景图说中国文明）
ISBN 978-7-5184-4935-4

Ⅰ . ①我… Ⅱ . ①赵… ②童… Ⅲ . ①货币史－中国－少儿读物 Ⅳ . ① F822.9-49

中国国家版本馆 CIP 数据核字（2024）第 079115 号

责任编辑：李　锋　熊　隽
策划编辑：李　锋　　　责任终审：高惠京　　　封面设计：董　雪
版式设计：李　涛　　　责任校对：晋　洁　　　责任监印：张京华

出版发行：中国轻工业出版社（北京鲁谷东街 5 号，邮编：100040）
印　　刷：北京博海升彩色印刷有限公司
经　　销：各地新华书店
版　　次：2024 年 12 月第 1 版第 1 次印刷
开　　本：889 × 1194　1/12　印张：4
字　　数：100 千字
书　　号：ISBN 978-7-5184-4935-4　定价：45.00 元
邮购电话：010-85119873
发行电话：010-85119832　010-85119912
网　　址：http://www.chlip.com.cn
Email：club@chlip.com.cn

231257E3X101ZBW

# 目录

# 导读

**原始社会**

以物换物是最早的买卖形式。

**秦朝**

秦始皇统一六国，全国上下都使用半两钱，但商人地位不高。

**汉朝**

全国统一，国力更加强大了，国家使用五铢钱。此时，中国名品丝绸出口国外，又从国外进口不少好东西。

**魏晋南北朝**

混乱的时代，政权不断更迭，钱币的形态也变来变去，布帛和粮食都可以当钱用。

**隋朝**

隋炀帝开通大运河，水上贸易异常繁荣，隋五铢取代了前朝五花八门的铸币。

**唐朝**

唐朝使用时间最长、发行量最大的货币“开元通宝”出现。

**宋朝**

全世界第一张纸币——交子出现，此时期商贸繁荣，瓷器等远销海外。

**元朝**

以大元宝钞为主，铜钱为辅，长途商贸发展起来，王公大臣们都跟着做起了生意。

## 夏朝、商朝

贝币是中国最早的货币形式，开始于夏朝，盛行于商朝。

## 春秋战国

春秋战国时期，诸侯林立，钱币种类繁多，商贸繁荣。

## 明朝

大明通行宝钞是中国幅面最大的纸币。郑和下西洋把生意做到了东南亚、西亚、非洲等地，棉布、茶叶、丝绸、瓷器等商品备受外国人的喜爱。

## 清朝

皇城根的集市热闹非凡，人们主要用银子、铜钱买东西。

## 中华民国

孙中山批准成立了中国银行，发行了银元，市场上多了很多外国商品。

## 新中国成立初期

新中国成立后，由于很多物资比较短缺，国家发行了各种票，人们凭票去供销社购买各种生活必需品。

## 改革开放后

人民币的发行已经从第一套发展到了第五套，大型综合商场出现，人们实现了一站式购物。

## 未来

你想去哪里购物？如何购物呢？

# 原始社会，以物换物获取所需

原始社会，生活条件恶劣，人类获取的东西在满足自己的需求后所剩无几，所以基本不存在交换。后来，随着生存能力的提升，人们学会了制造工具、种植作物、饲养动物等，剩余的东西多了起来。为了满足大家不同的需求，以物换物的原始交易形式应运而生。

## 最初的交换可没那么容易

虽然有了以物换物的交易形式，但想要成功换到心仪的物品也没那么容易，交换成功与否只能靠运气。你瞧，这三个部落的原始人就没换到自己想要的物品。

## 以物换物日渐频繁

劳动工具越来越先进，农业、畜牧业、纺织业、制陶业等行业的剩余物品也逐渐增多，人们以物换物越来越频繁，规模也越来越大，大家换到自己所需物品的概率不断增加。同时，人们给这种原始的交易形式制定了很多规则，方便大家进行交易。

为了方便部落间的交换，人们把交易地点固定在距离适中的地方，通常会选择水井附近。因为远道而来的人和牲畜需要喝水，人们也可以用水来清洗货物。

人们还规定，太阳在头顶时进行以物换物，即“日中而市”。这应该是最早的商业约定吧！

## 一般等价物出现了

到了原始社会末期，人们发现以物换物中的价值计算太复杂，导致流通不便，交易容易失败。于是，一般等价物出现了，用它可以衡量其他商品的价值，直接与其他商品进行交换。

历史上有很多商品充当过一般等价物，比如贝壳、玉石、弓、兽皮、牛、石斧等。最后，贝壳胜出，成为最主要的一般等价物。

**小知识**

### 贝类为何会脱颖而出

1. 贝壳形态美丽，壳面光泽，深受人们喜爱，是美好的象征、吉利的护身符。

2. 产自海中的贝壳来之不易，具有收藏与玩赏的价值。

3. 贝壳可以一个个地计数，同时坚固耐久、便于携带。

## 部落首领的经商头脑大比拼

随着物物交换的兴盛，部落首领们也大显身手，运用卓越的经商头脑，把买卖做到了更远的地方。

小朋友们，你们觉得下面这三位部落首领，谁的经商头脑最棒呢？选出你心目中的第一名吧！

### 黄帝

相传在原始社会，人们出行只能靠双脚步行，鞋子很快就穿烂了。

后来黄帝发明了车，起初只是简陋粗糙的独轮车，后来发展成双轮车。有了车，人们不仅能去更远的地方做生意，还可以携带更多、更大的货物，商品流通更加便利了。

### 舜

有虞氏部落的首领舜特别擅长经商，他听说顿丘（今河南濮阳）一带盐价较贵，而传虚（今山西运城）一带盐价很低，便亲自带队到传虚购盐，卖到顿丘，从中赚取差价。

### 禹

以治水闻名的禹同样很有经商头脑。他在物品多的地方收购，再把它们带到稀缺地区，从而换取更多的物品。

据说，大禹治水后，行巡天下，划分九州，还详细记录了各州的特产和贡品，将它们源源不断地运送到当时天下的中心——豫州。

# 为了方便做生意，贝币成为最早的钱币

中国最早的钱币是用海贝制作而成的，称为“贝币”，主要出产于我国的东海、南海等海域。贝币的使用开始于夏朝，盛行于商朝。你知道贝币和天然海贝有哪些不一样吗？人们又是如何用它们来买卖物品的呢？

## 贝币加工过才能用

贝币不同于天然海贝，是被人加工过的。贝币的背面被打磨得光滑平整，有些贝币上还钻了一个小孔，用绳子穿过小孔，可以把贝币穿起来，使用起来更方便。

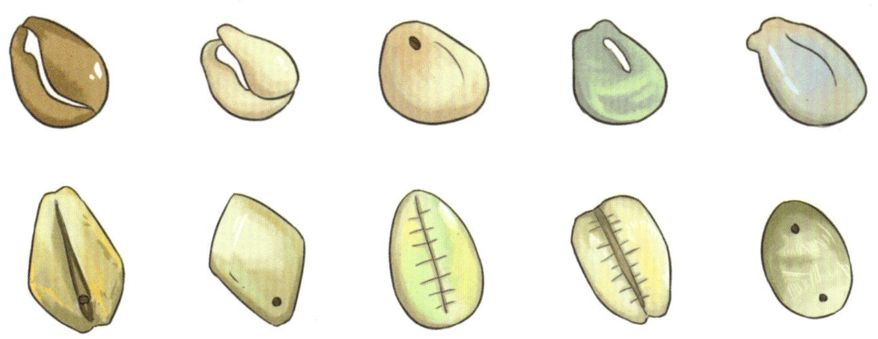

**小知识**

**贝字旁的汉字有哪些**

小朋友们，你知道吗？我们所熟知的汉字中，凡是同财富有关的字，大多都带贝（繁体字为“貝”）字旁，如财、贫、货、贵、赏、赐、贡、买（買）、卖（賣）、宝（寶）、价（價）、贯、赎、赌、赢、赚、赔、赃、贬……

## 各式各样的仿贝币出现了

随着交易越来越频繁，买卖越来越红火，天然贝币有些供不应求了。于是，到了商朝，除了海贝币，各种各样的仿贝币也赶来帮忙了：石贝、骨贝、蚌贝、陶贝、绿松贝、玉贝、铜贝、包金铜贝、金贝……

小朋友们，你们见过几种贝币呢？

| 骨贝 | 石贝 | 玉贝 | 蚌贝 | 铜贝 | 包金铜贝 |
|---|---|---|---|---|---|
| 由动物骨骼磨制而成，中间那道沟纹上的横线比较密。 | 用软石制成，背面被打磨过，有些中间有一道沟，但没有横纹。 | 由珠玉制成，背面被打磨过，中间还划出一道深沟。 | 质地像蚌壳，但是不发光，略带透明，一面平整一面凸起。中间有一道直沟，另有几条平行的短线。 | 铜制，背面是空的，正面很像真贝，中间有一道齿槽。 | 在直槽的铜贝表面，用加热的方法，粘上一层极薄的金箔。 |

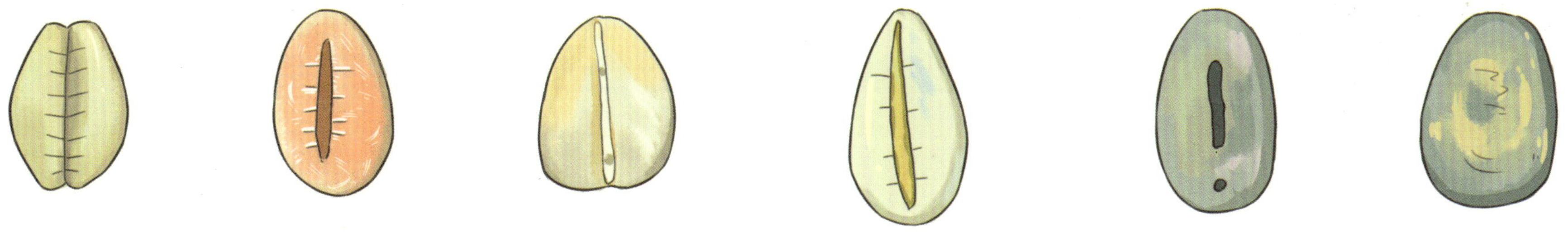

## 带着贝币去做买卖

商族人带着贝币、东部沿海地区的海产品，驾着马车、牛车，去遥远的地方换取奇珍异宝。生意越做越大的商族人推翻了夏朝，建立了商王朝，在殷（今河南安阳）建都。

## 贝币是如何计量的

贝币的计量单位是“朋”。“朋”字本义是指1串或2串相连的“贝”，后来逐渐演化成计量单位。一般认为2串5个的贝或1串10个的贝为“1朋”。

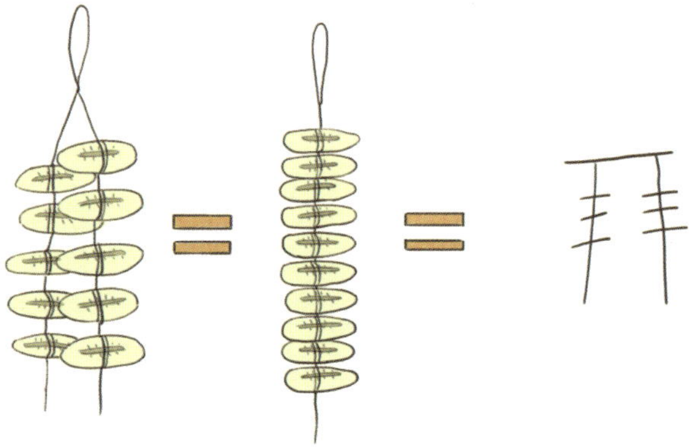

这件铸于西周时期的青铜器裘卫盉（hé）上记录了一则故事：一个叫矩伯的人用“十田”换取了裘卫（“司裘”是周朝时的一个小官职，一位受封的司裘名叫“卫”，人们习惯称他为“裘卫”）价值80朋的玉礼器，又用“三田”换取了裘卫价值20朋的一套礼服。由此我们发现，西周时期1田约为6.7朋或8朋的价格。当时1田面积为100亩，相当于今天的31.2亩，那么1朋贝可以买到今天的3.9亩到4.7亩田地。如果按照“1朋10贝”计算，1贝币可购置如今的0.39 ~ 0.47亩田地。

青铜鸮（xiāo）尊：出土于安阳殷墟妇好墓，是一种酒器。通高 46.3 厘米，足高 13.2 厘米，盖高 13.2 厘米，重 16 千克。现藏于河南博物院。

商朝人擅作青铜器，其中的一种原材料为孔雀石，它是一种铜矿石。商朝人需要在今天的山西一带或长江地区购买，再运回都城制造青铜器。

鲸生活在海里，而发现这些鲸骨的地方却是位于中原地区的殷墟，据说这是人们从商朝统治边缘的大海边买来，当作珍贵之物进贡给商王的。

## 贝币的其他用途

在商朝，贝币还可以用于赏赐，也就是上级奖赏给下级的物品，或者是下级家中有丧事、喜事时，上级赠予下级的物品。

**小知识**

### 德鼎上，记载了用贝币悬赏的故事

德鼎是西周早期的青铜器，上面记载了这样一个故事：一个叫“德”的人从蒿（hāo）地前往成周（今河南洛阳），为周武王举行一场规模宏大的祭祀活动，周成王赏赐给他 20 朋贝，也就是 40 串贝币。由此也验证了贝币还能用来赏赐下级的说法。

# 春秋战国，眼花缭乱的铜铸币来了

公元前 770 年，周平王迁都洛邑（今河南洛阳），东周开始。这个历史时期分为春秋和战国两个阶段，此时周王室衰落，诸侯国林立。各国开始自行铸造钱币，贝币逐渐被淘汰。每个诸侯国不仅会使用本国钱币，还会使用他国钱币。没有自铸钱币的国家，则会借用其他国家的钱币。于是，形形色色的钱币开始出现在大大小小的买卖中。

## 眼花缭乱的金属铸币来了

### 刀币

长得像刀一样的钱币，是由春秋时的农具、手工工具和日常用具刀演变而来的，主要流行于当时的齐国、燕国、赵国等。

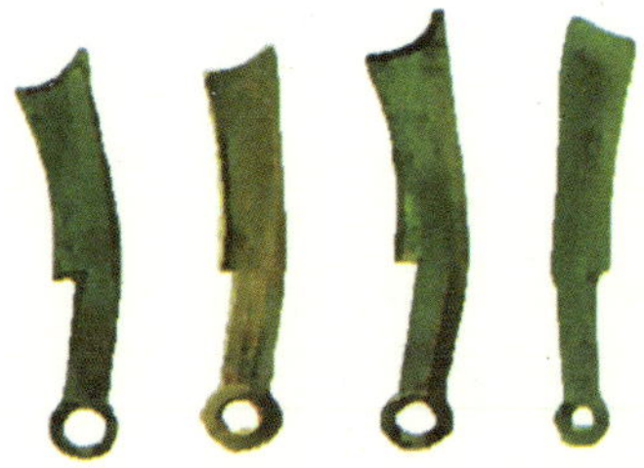

### 布币

模仿农具铲子铸造而成，主要流通于黄河中游的赵国、魏国、韩国等。它主要有 3 种类型。

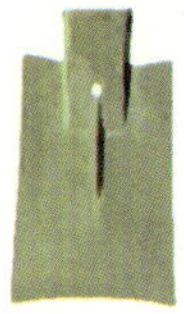

原始空首布：也叫铲币，是最早的布币，完全按照农具铲子的样式铸造。上面几乎没有任何文字。

空首布：因保留农具铲柄“銎”（qióng）而得名，铲柄中空，方便握持，表面已经有文字出现了。

平首布：又叫实首布，还是铲的外形，但只是薄薄的铜片了，重量较轻，形体较小。

**圜（huán）钱**

圜钱也叫环钱，形似圆环。战国末期，各国经济联系紧密，货币形制趋同，圜钱成为使用最广泛的货币。

圆孔圜钱：早期的圜钱为圆形圆孔，正面平整，没有突出的部分。背面有钱文。

方孔圜钱：由圆孔圜钱演变而来，是中国古代钱币中最常见的一种。形制为圆形方孔，早期方孔较小，后来逐渐变大。

**蚁鼻钱**

蚁鼻钱在楚国流通，呈椭圆形，个头较小，一头尖一头圆，背面磨平，正面凸起，尖头有一穿孔，有点儿像贝壳。铸币表面有钱文，看起来就像一只蚂蚁在鼻尖上休息，因此得名。

**爰（yuán）金**

春秋战国时期，楚国是唯一铸行金币的国家，爰金是一种切割称量的货币，在金版上由方形或圆形的印记分割成很多小块，四周有凿割的痕迹。金版上的铭文多为“郢（yǐng）爰”，“郢”是楚国都城，“爰”为货币重量单位。使用时，需要先切割称重，而且要求称量准确。爰金是我国现存最早的黄金货币。

## 五花八门的钱币流入四通八达的商贸网

虽然此时各诸侯国的钱币在形状、大小、轻重等方面都不相同，但这阻挡不了各个国家之间的商贸往来。

春秋战国时期，各国之间的商贸往来频繁，路面上常常会被车辆轧出两道深深凹陷的车辙。可是，每个诸侯国的马车大小不同，两道车辙轨道间的距离有宽有窄，给行车安全埋下了隐患。于是，商人驾车到了其他诸侯国时就得换与该国车轨宽窄匹配的马车。

商人们肩挑手提，服牛乘马，买入卖出，谋取利润。一些贵族也加入了商贸队伍。

## 市的出现，加大了货币流通量

每个诸侯国的都城中，都设有固定的商贸市场，称为“市”。市有专门的管理员，四周有市门，按照商品的分类设置店铺，商品的价格也由政府统一管理。

市的营业时间有着严格限制，就像现在的商场、超市一样。营业时间主要集中在上午，过午就散，到了傍晚就得停止营业。市门在上午开始营业时打开，傍晚停止营业时关闭。

人们常常在市场售卖一些农副产品，用得来的钱购买自己不能生产的农具、盐等生活必需品。

**小知识**

### 成语“债台高筑”是怎么来的

随着货币流通规模的不断扩大，借贷应运而生。东周时期，王室衰微，诸侯们停止进贡，到周赧（nǎn）王时国库空虚，不得不向豪门富户借债。时间久了，周赧王负债累累，还不起债务。后来，周赧王居然躲到高台之上避债，那个高台被后人称为“避债台”，成语“债台高筑”由此而来。

春秋战国时期，商品及货币流通规模扩大，繁华的都市出现，交通改善，诸侯国交流频繁，为之后秦国的统一提供了条件。

个体手工业者也在春秋后期出现，他们将手工做成的产品变卖成钱，来换取粮食和其他生活必需品。

农民常常需要出售部分农作物，来换取一些他们需要的生产工具和消费品，如铁农具、针、盐等。

# 秦半两，把重量写在钱币上

公元前 221 年，秦始皇建立了多民族的统一国家——秦朝，继而推行了车同轨、书同文、修长城、筑驰道、统一货币、度量衡等政策，大大加强了中央集权。四处做买卖的商人们再也不用兑换货币、更换马车了，商业往来更加便捷。那么，秦朝统一后的钱币是什么样的呢？人们又是如何用钱币来进行交易的呢？

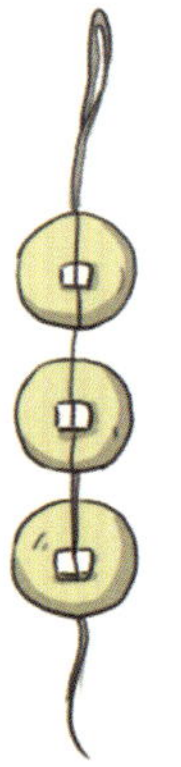

秦半两是圆形的，中间为什么会有一个方孔呢？有观点认为是为了加工方便。也有人认为是古人受“天圆地方”的宇宙观影响，圆形方孔寓意着“天地”。

## 半两钱有统一标准

秦始皇统一六国后，钱币由国家统一铸造，私人不得铸币，一经发现严惩不贷。秦始皇还规定，市场上通用两种货币：黄金与铜铸币。这种铜铸币上铸有“半两”二字，古代 1 两为 24 铢，半两钱重 12 铢，故被人们称为“秦半两”。

统一货币

## 秦半两该怎么用呢

黄金贵重，所以是上币，而铜铸的半两钱则是下币，它们的使用场景也不同。

上币主要用在王公贵族们的聘礼、贡纳、赏赐或大宗买卖上，以镒（yì）为计量单位。一镒等于二十两。

下币半两钱用于民间的小额交易，使用方便，有利于交换。

## 带着秦半两去做买卖

秦朝早期的商业交易有严格的规范，都城中的市场为“三时之市”，即一天之中有早、中、晚三次交易时间。货物出入市场，必须凭司市所发给的玺节（一种入市凭证）方可通行。市场的入口有胥吏手执刑具和标准量具守门，纠察伪诈，规范市场行为。

秦朝会在集市上收取高昂的市场租金，在商贸道路上设置关卡收取重税，登记专门的“市籍”，商人们还受到各种限制，比如不许穿丝质衣服上街等。

虽然秦朝商业发达，但依旧采取“重农抑商”的政策，因此商人的地位并不高。秦始皇觉得如果商人数量太多，会影响农业生产，因此会对他们的一些商业活动进行限制。

# 汉朝，五铢钱横空出世

公元前 202 年，汉高祖刘邦建立汉朝，迎来了中国历史上第二个大一统时期。汉初货币更换频繁，“千古一帝”汉武帝在位期间，先后进行了六次币制改革。最终，铜制的五铢钱脱颖而出，这对后来丝绸之路的繁荣起到了推动作用。

## 五花八门的圆形钱币

西汉建立之初的近百年里，政府铸造币种不统一，先后出现了多种大小不一、重量不等的圆形铸币。不同重量的铸币，使铸币的价值难以计算，买卖交易很不方便。

汉高祖时期的小半两：外观和秦半两差不多，但重量减轻不少。

吕后时期的八铢钱：属于半两钱的一种，大约为 8 铢重。

## 铸币狂人——王莽

五铢钱制度曾因两汉之交的王莽币制改革一度遭到破坏。王莽执政 15 年，热衷于铸造钱币，先后进行了四次币制变革，最短的间隔仅有一年。王莽改进了铸币技术，使用“叠铸法”，即把铸造的泥范一层一层地叠放在一起浇铸。

汉武帝时期的五铢钱：从五铢钱开始，钱的两面都有内外廓，光背，比现在的五角硬币大一圈。

汉文帝时期的四铢半两：因它的价值和尺寸符合当时的国力和人们需求，所以使用了40年。

东汉时期银开始用在赏赐、贿赂等场合，这表明银在货币中的地位提升了，但尚未作为主要货币在市场上大量流通。

## 五铢钱的多种模样

西汉之后便是东汉，这是一个以五铢钱为主要货币的时代。因不同帝王当政，五铢钱的样式也发生了不同的变化。

建武五铢：较西汉五铢钱轻，整体铸造较为规整精致，表面平整，两面都有外廓，钱文为“五铢”。

四出五铢：钱文为“五铢”，钱背内廓四角铸有四条直线与外廓相连，称“四出”。

剪凿五铢：外观相对粗糙，大致可分为剪轮五铢、綖（yán）环五铢两种，剪凿钱币框线是为了缩减铸币材料。

直百五铢：东汉时所铸的最后一种地方钱币。初铸时大而厚重，后铸时则逐渐减重，钱文为“直百五铢”。

## 繁荣的商业圈——丝绸之路

公元前138年，汉武帝派遣张骞出使西域，开辟了一条影响深远的商贸通道。因为丝绸是其中最具代表性的商品，这条路后被德国地质学家李希霍芬称为“丝绸之路”，并沿用至今。那么中国的丝绸是如何卖到遥远的西方的呢？

中国商人从长安出发，把丝绸运送到敦煌。中亚商人买进后，继续向西运送。至此开始分为南北两路，其中往南进入大月氏（位于今天中亚地区），到安息，在安息的木鹿城（位于今天的土库曼斯坦）与北边的商人会合，再由希腊人、叙利亚人买进。最后，丝绸被卖给最大的买家——罗马人。

## 丝绸早在黄帝时期就出现了

相传，黄帝的妻子嫘（léi）祖一次外出时，因饥饿误食了果子形状的蚕茧，从而发现了蚕丝。后来，经过细心观察和研究，人们掌握了养蚕和抽丝的方法。于是，人们将这些丝织成布，制成了精美的丝绸。

丝绸除了制成衣服，还具有货币功能。在丝绸之路上，很多大宗买卖都会用丝绸进行交易，这是因为丝绸作为一般等价物不容易贬值。

**小知识**

### 你听说过补充货币吗？

为了满足商品贸易的需要，汉朝除了通行的铢钱以外，还保留了许多其他形制的货币用作补充，例如：

1. 皮币：由白鹿皮制作而成，一尺见方，施以彩绘。每张价值 40 万钱。

皮币

2. 白金三品：主要是西域国家使用的货币，其中的一品圆形龙币，价值 3000 钱；二品方形马币，价值 500 钱；三品椭圆形龟币，价值 300 钱。

龙币

马币

龟币

3. 马蹄金：西汉时期的称量货币，汉武帝时期制。底面呈圆形，内凹，中空，形如马蹄。

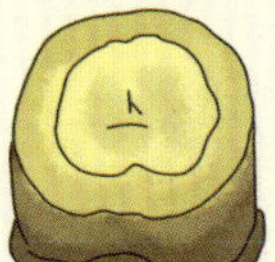

马蹄金

# 魏晋南北朝，钱币种类多种多样

公元 220 年，汉朝灭亡后，中国历史又进入了动荡不安的时代——魏晋南北朝。在这上百年的时间里，钱币种类繁多、规格各异，布帛替代钱币在市场上流通，黄金的使用一度减少，商贸市场混乱不堪，丝绸的交易量也随着罗马帝国的分裂而逐渐萎缩。

## 钱币铸造再次陷入混乱期

南北朝时期，主体货币还是五铢钱，五铢钱开始不断被翻新。此外，还产生了一些新式钱币。

三国时期，除了五铢钱，还有一些新式钱币，如东吴政权制造了一系列大面值的虚值钱。那什么是虚值钱呢？就是实际价值比名义价值低的一种钱。这种钱遭到人们的抵制，流通的时间并不长。

太和五铢：北魏孝文帝年间铸造，钱文中带有年号。

常平五铢：北齐文宣帝期间铸造，“平”字上一横巧妙地与方孔下缘合一，制作精美，数量少。

永安五铢：北魏孝庄帝期间铸造。

铁五铢：梁武帝期间铸造，书写工整，形制不一，这是我国第一次大规模地铸造铁钱。

## 粮食、布帛也可以当钱花

南北朝时期，市场流通的货币混乱、铸币材料奇缺，人们甚至不愿意收铸币，粮食、布帛代替了一部分铸币进行流通。那时，租赋、赈恤、俸禄、借贷都可以用布帛计算。作为通行货币，粮食直接称重使用，以石、斗、升为单位，布帛以端、匹计算。

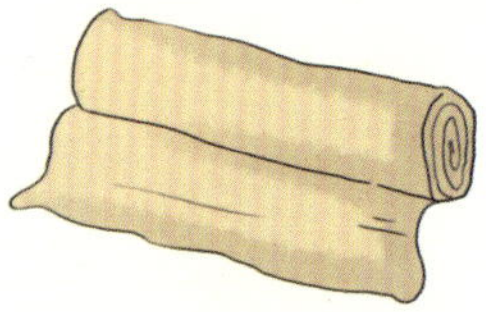

布帛

绢长 40 尺为一匹，布长 60 尺为一端，宽幅为 2.2 尺。

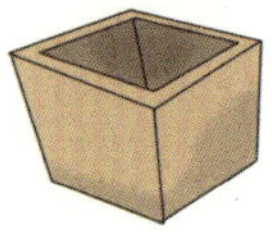

升

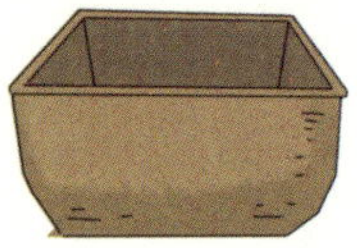

斗

斗和升都是木质的计量容器，十升为一斗，十斗为一石。

当时官员“工资”的形式也是五花八门，比如北齐实行“三三制”，即三分之一布帛，三分之一粟米，三分之一铸钱。

上等马一匹价值 2000 文，一般马一匹价值 400 ~ 500 文，也可用布帛买。

## 大型市及专营市出现了

魏晋南北朝时期，由于各个政权都需要商品流通，于是纷纷在都城建立了大型的商品市场，称为“京畿（jī）市场”。同时，还存在一城多市的现象，一些大城市不仅有大市，还有一些中小型专业性市场，如在洛阳东石桥南有马市等。

除了每天开放的市集外，还有按一定日期开放的“会市”，一般是几天一次。人们可以带着五花八门的货币前来做买卖。

著名诗人陶渊明不愿意向上级阿谀奉承，叹道：“我不能为五斗米向乡里小人折腰！”于是，挂印辞职而去。你知道他所说的五斗米指多少吗？根据朱大渭《魏晋南北朝官俸》中的考证，七品县令年俸为 324 斛；绢布 45 匹（折米 180 斛）；职田三顷（折米 540 斛），此外还有力役 15 人，因此，七品县令总年俸为 1044 斛。陶渊明在彭泽当了 80 天县令，应得三个月月俸 81 斛，但这 81 斛米中有一半要等到职田收成下来之后再给，也就是说他一共只领了 40 斛大米，折合到每天即为 5 斗米。

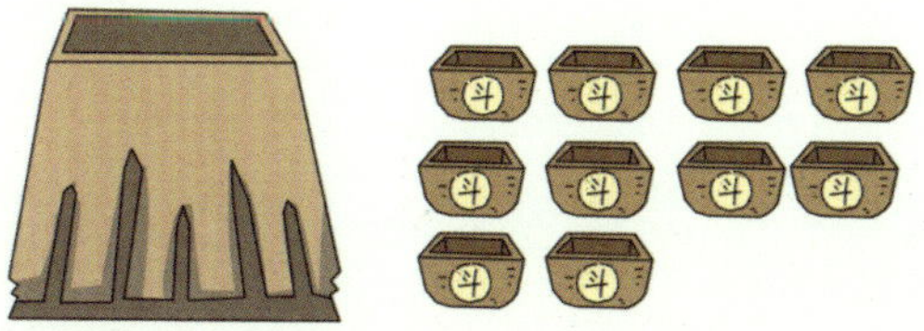


官斛（hú），官方称量粟米等粮食的工具。

**小知识**

### 粮食、布帛充当货币有哪些缺点

粮食、布帛作为货币，缺点很多：不耐久藏，质量不稳定；布帛体积较大，不易携带，粮食的长途运输尤为不便；布帛还容易污染破裂，不适合小额交易等。

# 隋五铢问世，替代了五花八门的钱币

公元 581 年，经过近 300 年的分裂后，北周朝大司马杨坚建立了隋朝，完成了统一大业，他就是隋文帝。他的儿子隋炀帝杨广继承皇位后，带领百官和商人们将都城从大兴（今陕西西安）迁到了洛阳。虽然隋朝很短暂，只经历了两任皇帝，但他们统一了五花八门的钱币，并以洛阳为中心开凿了大运河，对商贸的发展起到了很大的推动作用。

## 开凿大运河，打通南北贸易网

隋炀帝命人疏浚大运河，把长江流域、黄河流域以及今天北京附近的地区连接起来，贯通海河、黄河、淮河、长江、钱塘江五大水系，形成了南北向的人造运河与东西向的自然河流相互连接的水运体系。这为商贸往来、货币流通、人们的生活采买等都提供了极大的便利。

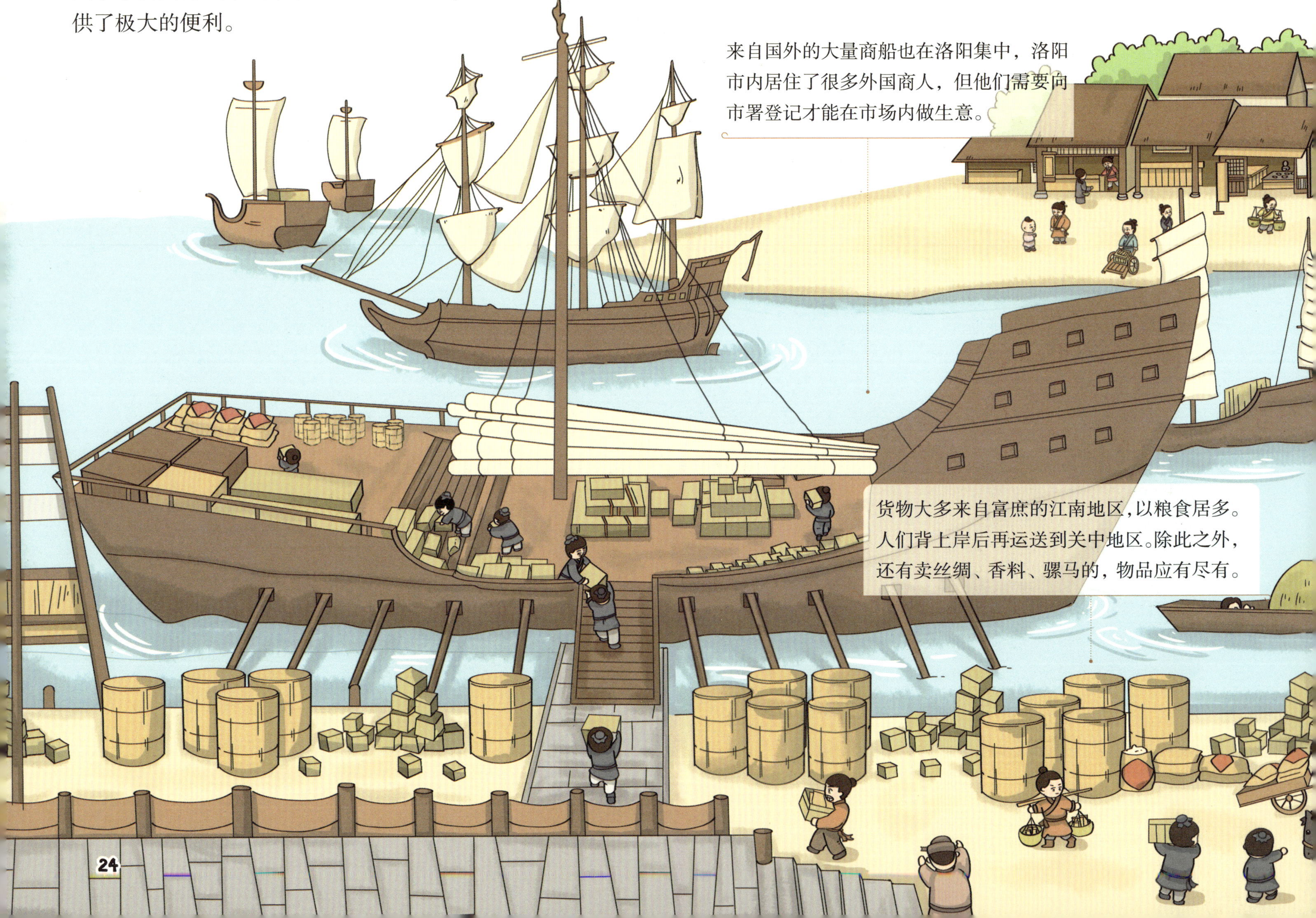

## 统一五花八门的钱币

由于隋朝只有两任皇帝，因此对应的隋五铢只有两种。

开皇五铢：铸于隋文帝开皇年间，又称“置样五铢”，形体、大小、轻重不一。

五铢白钱：大概铸于隋炀帝大业年间。官府为了降低成本，在铸造铜币的过程中掺入了锡和铅等，造出的铜币色泽发白，故称“白钱”。

隋炀帝非常重视商业，他要求做商品的展览宣传。为了吸引外商参与，还会在“招商大会”上免费供应一些食品，为远道而来的商人报销“差旅费”。

漕渠上有一座通远桥，过了桥不远处就是通远市，在那里几乎什么都能买到。

超过三千户以上的城市都会设立市署，负责控制商品流通和市场价格。

# 钱币演变，见证大唐的兴衰

公元618年，李渊称帝，建立了唐朝，废除了五铢钱，发行开元通宝。唐朝的前期和中期，钱币发行相对稳定，到了后期，钱币的发行和使用变得杂乱无序。可以说，钱币的演变发展，也反映了大唐国运的盛衰。

## 观钱币变化，畅读大唐经济史

**开元通宝**

唐高祖李渊登基，废除五铢钱，发行开元通宝。它是唐朝的第一种法定货币，也是整个唐朝使用时间最长、发行量最大的货币。

**乾封泉宝**

唐高宗李治时期，首次推行大面值的年号钱乾封泉宝。它和开元通宝很像，只是钱文不同。开元通宝需先竖着读，再横着读。乾封泉宝则是顺时针环读。

**乾元重宝**

唐肃宗李亨继位不久，为了应付庞大的军政开支，开始铸造乾元重宝。

**得壹元宝**

安史之乱时，史思明铸造发行了得壹元宝。

**顺天元宝**

安史之乱后期，因为有人说钱文上的“得壹”二字不吉利，史思明就把钱文改成了“顺天元宝”。

**大历元宝**

中国最早的年号元宝钱，唐代宗李豫于大历年间铸于西北地区，中原地区比较少见。

**建中通宝**

唐德宗李适铸造，主要流通于西北地区。该钱币分大小两种形式，钱体又薄又小，铸造工艺比较粗糙。

## 铜钱从外贸码头流出去

唐朝的外贸非常繁荣，与西域诸国频繁地进行着贸易往来。许多外国商人带着大量货物来到唐朝，换走了大量铜钱，铜钱外流的数量十分庞大。据说至今仍能在东亚、西亚、东南亚等地挖出唐朝铜钱呢！

小知识

### 唐朝盛行金银币吗

唐朝时期，金银币使用的范围扩大，上到贵族下到老百姓都开始使用金银币，银币逐渐成为市场流通货币。

## 带够钱去逛长安城最繁华的市

唐朝统治者定都长安（今陕西西安），这里是丝绸之路的起点，吸引了来自世界各地的留学生、僧侣、商人，大家在这里学习、生活、经商。城里有一条长九里、宽百步、南北走向的大街，即朱雀大街。朱雀大街是长安城的主干道，又叫天街。“天街小雨润如酥，草色遥看近却无”指的就是这里。街东为万年县，街西为长安县。两县各设有占地两坊的大商市，即东市和西市。

长安城内，做生意的地方也是“市”，与以往相比，此时流通的货物种类更多，规模更大，市已成为城中最热闹的地方。当时的市和人们居住的“坊”是分隔开的。在市里，经营同类商品的店铺集中在同一个街区内，这样一个个的街区就叫作“行”。现在常说的“各行各业”里的“行”字，就是从这里来的。

**小知识**

### 市的管理很严格

唐朝的市同样有营业时间，到了傍晚时分，市门就得关闭了。市有专门的国家机构和官员监督管理。唐朝城内有街鼓，用来报时、传号，集市开闭都以鼓声为准。闭市宵禁后，也有专人巡视，他们是“金吾卫”。闭市后谁若是敢在街上瞎溜达，必定会受到重罚。

# 宋朝，全世界第一张纸币诞生了

公元 960 年，北宋王朝建立。宋朝时商贸非常发达，银两和铜钱在市面上广泛流通。如果人们要买一件贵重物品，需要准备大量的银两、铜钱，很不方便。于是，宋朝人想了一个好办法，他们发明了一种纸质货币，取名为交子。这是世界上最早使用的纸币。

## 交子怎么用

最早的交子一般是商人用的，商人将图案、密码、划押、图章等记号印刷在楮（chǔ）树皮纸上作为“存款”和“取款”的凭证，和我们现在的存折或支票差不多。携带大量钱币的商人把铜钱存到交子铺，铺户把存款数写在交子上，交给商人，从中收取保管费。

## 逛一逛宋朝热闹的商业街市

有些街市白天、夜晚都营业，很像现在 24 小时营业的商场，商品从日用百货到奇珍异宝，应有尽有。买家们可以货比三家，择优购买。此外，还出现了三更夜市、五更早市，市场开放程度进一步加大了。

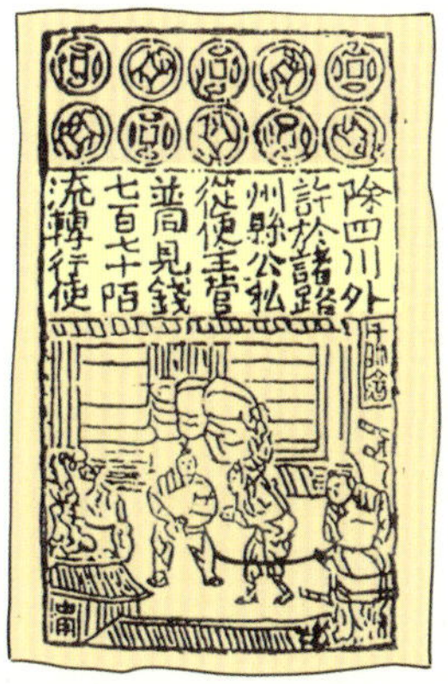

## 交子的金额

大家都见过纸质人民币，有五元一张、十元一张的不等，那么交子币的面值是多少呢？官交子的币面金额不是一成不变的。最初（1023 年）币面金额为一贯到十贯；宝元二年（1039 年）改为五贯和十贯，其中十贯交子占绝大多数；熙宁二年（1069 年）又改为五百文和一贯，一贯的交子发行稍微多一点。此后，交子改名为“钱引”，它不再以贯为单位，而是以“缗（mín）”为单位。

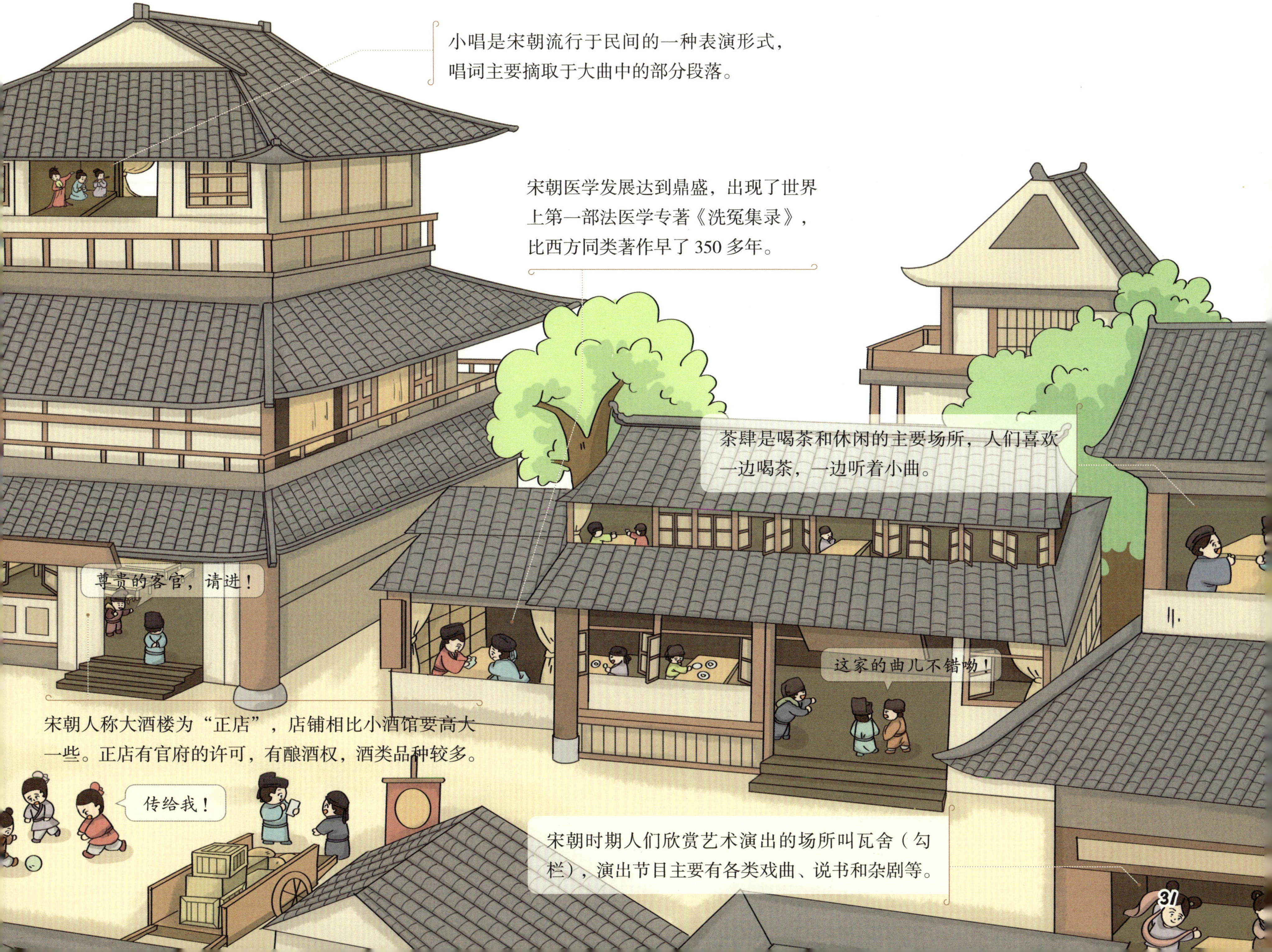

## 漂洋过海做生意

早在两汉时期，一条“海上丝绸之路”就已经从中国延伸到遥远的印度洋了。到了宋朝，人们已经能开着大船漂洋过海，与十几个国家做生意了。让我们去看看，这时候的跨国生意里都有什么热销商品，你又想做哪种生意呢？

**小知识**

### 官窑和民窑有什么区别

宋朝制瓷业发达，宋瓷有官窑和民窑之分，官窑专门为官廷烧制瓷器，为了保护专属权，官窑严禁民间使用。民窑的经营得有营业许可证“窑牌”以及纳税账本“火历”，好的民窑也会得到朝廷的订单。

### 外国香料

宋朝时，无论是皇家贵族，还是普通百姓，都喜欢使用香料。来自海外的香料质量更好，上等的沉香和黄金一样贵重。于是，宋朝人驾着大船，先把瓷器运到外国卖掉，再买回一堆外国的香料，卖给有需要的人。

### 备受人们喜爱的宋瓷

宋朝时期，除了丝绸，瓷器也是海外贸易的代表性商品。考古人员曾在中国南海打捞出一艘名为“南海一号”的海船，船上有一万多件精美的宋瓷，大部分来自江西、福建、浙江等地的著名窑口。

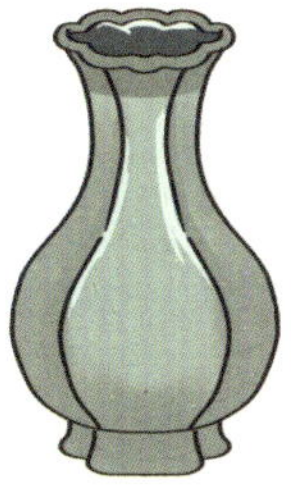

一些富贵人家喜欢在家里摆放名贵的瓷花瓶。

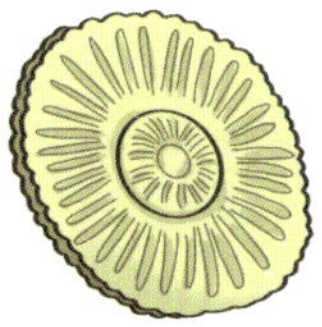

这样的盘子，在外国人的餐桌上也经常见到。

这个盒子长得像个南瓜，可用来盛放香料和化妆品。

这个盆是北宋时期的青瓷，人们用它来养花。

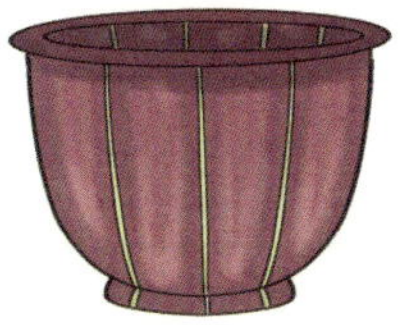

这是宋代钧窑玫瑰紫釉葵花式花盆，由于发生了窑变，外壁呈现出玫瑰紫色，它造型优美、线条流畅，现藏于北京故宫博物院。

### 瓷器打包有窍门

既然瓷器是畅销的外销品，那么在茫茫的大海上，如何防止这些又薄又脆的瓷器破碎呢？聪明的宋朝人想到了一种巧妙的打包方法。

第一步：将瓷碗按照顺序摞起来，大的放下面，小的放上面。

第二步：在碗与碗中间撒上沙土填满空隙，播撒豆种，再洒上水。

第三步：用绳子将瓷碗捆紧，定期洒水。

第四步：种子发芽后，枝叶交错在一起，把瓷碗牢牢地包裹住。

# 元朝，铜钱成为纸钞的帮手

公元 1271 年，忽必烈改国号为大元。元朝是我国历史上第一个由少数民族建立的大一统王朝，在这一时期，纸币使用颇为广泛。元朝时，钱币的使用以纸钞为主，铸造的铜钱为辅。

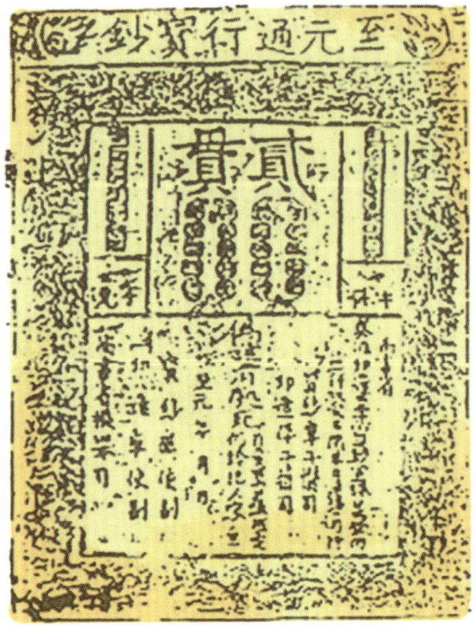


这张至元通行宝钞长 31 厘米，宽 21.8 厘米，1959 年在西藏地区的萨迦寺内发现。版面的四周是花边。正中为数额，有一贯、贰贯、十文、二十文、五十文、一百文等。下方印有印钞的单位、职官名称、发行年月日等。

## 为什么会出现大元宝钞

元朝的版图非常大，长途经商时携带铜铸币实在不便利，于是轻便的纸币成了主角。元朝时期发行了多种纸币，其中使用时间最长的是“至元通行宝钞”。

## 铜钱成了纸钞的附属品

元朝依旧保留了铸币，只是数量较少，制作工艺远远比不上宋朝。此时的铸币主要是辅助纸币使用。其中，“至大通宝”和“至正通宝”比较多见，皆为铜铸，钱文是汉字，也有八思巴文（元朝忽必烈时期由国师八思巴创制的蒙古文字，主要用于官方文书），还有双文共铸的。

至大通宝

至正通宝

**小知识**

**青花瓷竟是国际化产物**

青花瓷最早出现在唐朝，在元朝走向兴盛，也就是著名的“元青花”。青花瓷的色彩需要一种特殊的彩色颜料，名为“苏麻离青”，它是元朝时期从中东进口而来的。青花瓷的胎使用景德镇附近的陶土制作而成，制成后部分会销往今天的伊朗和土耳其地区。

## 跟着贵族们学做买卖

元朝是游牧民族的天下，对农耕不太擅长，却很重视商贸，王公贵族都会直接或间接地参与到形形色色的买卖交易之中。

会做买卖的商人也有一定的社会地位，但是金、银、铜、铁、茶、酒、醋等重要商品都由官府专门来售卖，商人想要卖这些商品，得先从官府手中购买。

元朝鼓励海外贸易，向海外各国宣布“往来互市，各从所欲”的开放政策，于是中亚、欧洲、南洋的商人接踵而至，不少外国商人也来这里买田盖房，当时的中国是当时世界上较为富有的国家之一。

# 明朝出现了中国最大幅面的纸币

公元 1368 年，朱元璋推翻了元朝，建立了明朝，由于战乱不断，严重缺铜，朱元璋下令沿用元朝纸币，发行了“大明通行宝钞”。它不仅是明朝时期官方发行的唯一纸币，还是中国历史上幅面最大的纸币。与此同时，明朝也十分注重贸易，把生意做到了海外。

大明通行宝钞

## 铸币虽少但依旧存在

明朝时纸币大量印制，但铜钱还在流通，且流通得更加稳定。明朝共有 10 个皇帝铸过年号钱。那时的铜钱均由政府统一发行，为避讳开国皇帝朱元璋的“元”字，明朝所有钱币统称“通宝”。

**洪武通宝**

公元 1368 年，朱元璋铸造“洪武通宝”，重量不等，买到的东西也不同。

**宣德通宝**

公元 1433 年，明宣宗朱瞻基铸造发行“宣德通宝”。

**弘治通宝**

公元 1503 年，朱祐樘即位后稳定了国内经济，铸造发行“弘治通宝”。

**嘉靖通宝**

公元 1527 年，明世宗朱厚熜铸造发行“嘉靖通宝”。

**隆庆通宝**

公元 1570 年，朱载垕（hòu）即位铸造发行“隆庆通宝”。

**万历通宝**

公元 1576 年，明神宗朱翊钧铸造发行了“万历通宝”。

**泰昌通宝、天启通宝**

公元 1621 年，明熹宗朱由校即位，补铸“泰昌通宝”，并铸造了“天启通宝”。

**崇祯通宝**

公元 1627 年，明朝最后一位皇帝朱由检即位，他于公元 1628 年铸造了“崇祯通宝”。

## 外国银币流入中国

明朝中后期，随着中外贸易的发展，外国银币流入中国并且很快被老百姓接受，被称为“洋钱”，在福建、东部沿海一带广泛地流通使用。

西班牙双柱银币

**小知识**

**明朝时期白银的社会地位如何**

明朝中期，白银的法定货币地位确立，万历年间，全国施行“一条鞭法”，无论是缴纳田粮、税收都要折合成银币支付。官员们发放俸禄、国库开支等也都用银币。这表明银币在货币中的地位已经达到了顶峰。

## 深受外国人喜爱的明朝商品

### 克拉克瓷器

明朝时期的欧洲人非常喜爱中国瓷器，1602 年，荷兰东印度公司在截获的商船“克拉克号”上，发现了大量来自中国的瓷器。当时的欧洲人不知道这批瓷器的产地，因此称之为“克拉克瓷器”。这种瓷器以青花瓷为主，花纹极具中国特色。

### 茶叶

葡萄牙的传教士曹德昭写了一本介绍中国的书籍《大中国志》，其中提到了一种味道微苦、用来招待客人的饮料，就是茶。传教士们的记录将中国茶传播到西方，茶于是成为海外贸易的重要商品。

### 棉布

明朝的棉布也是外贸出口的热销产品。当时，棉布主要出口到东南亚、南亚、日本等地。

### 中药材

中药材在明朝以前就有出口，到了明朝成为重要的出口商品。当时日本、朝鲜等国也很重视中医，大量进口中国的中药材和相关书籍。

### 漆器

中国漆器历史悠久，技术长期以来领先世界。明朝的漆器技术已达到了登峰造极的地步，各种漆器深受外国人喜爱。

## 史上规模最大的海外商贸活动——郑和下西洋

1405 ~ 1433 年，明成祖派郑和率船队 7 次下西洋，规模之大前所未有，船最多时达到 200 多艘。郑和第一次下西洋时就有 27000 多人，他们中有使臣、官兵、翻译、医生、工匠等。郑和的船队先后到达亚洲和非洲的 30 多个国家和地区，将中国特产带到外国，同时又带回了其他国家的珍宝。

# 清朝，银子、银票流通量扩大

公元 1636 年，皇太极称帝，改国号为大清。清朝的货币种类很多，各地使用的货币并不统一。市面上流通的有铜钱、银子、银票等。大街上甚至出现了银行的雏形——票号，人们购物、做买卖更方便了。

## 中国第一家票号出现

日昇昌票号始建于清朝的道光年间，比前面提到的兑换铸币的店铺规模更大，业务更完善。它主要为人们办理存钱、贷款、汇兑等业务，是现代银行的雏形。它以“汇通天下”著称于世，一度操纵了整个清王朝的经济命脉。1923 年，日昇昌改为股份制。1948 年，日昇昌歇业，退出了中国金融业的舞台。

## 带上钱币去逛庙会、看表演、品小吃

庙会，又称“庙市”或“节场”，是中国古老的传统民俗文化活动，一直延续至今。

## 清朝的钱币样式

满文铸币，这是清朝入关前的钱币，主要是努尔哈赤天命年间铸造的，存世量较少。

## 小知识

### 中国最早的股份制是什么

晋商是明清时期活跃在大江南北的著名商帮之一，在长期的商业经营中，晋商实行共同经营、朋合营利的方法，即中国最早的股份制经营管理制度——东伙制。

## 走！再去品茶、听曲

清朝的商业文化非常繁荣，沿街的商铺涉及各类行业：日用品、服装、珠宝首饰、餐饮、文化娱乐等，应有尽有。

茶馆的生意非常好，人们逛累了可以在这里喝茶、歇脚。茶馆同时也是京城人消闲解闷儿的地方。很多官员和差役先来茶馆喝茶、吃早点，再去衙门当差。下班后，还会约上三五好友到茶馆聊天。

天聪汗钱　　天聪通宝　　崇德通宝

公元1626年，皇太极继承汗位，年号天聪。他于天聪年间铸造“天聪汗钱”以及“天聪通宝”，于崇德年间铸造“崇德通宝”。这些铸币数量不多，主要是因为当时后金所居的关外地带以实物贸易为主，皇太极铸造本朝货币并非出于商业流通的需要，更多还是出于政治意义。

清朝通宝币从顺治帝开始铸造，此后历代皇帝都有自己年号的钱币。

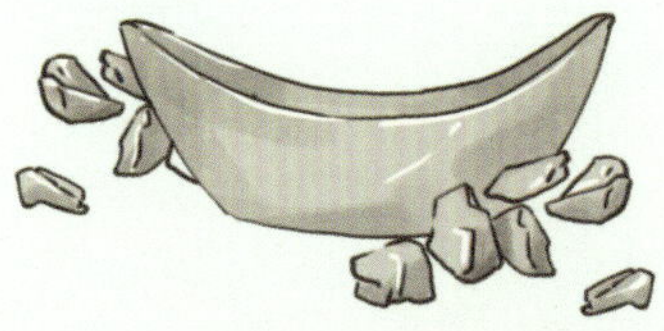

清朝时期白银仍是货币的主体，但白银作为货币的形态变得多样化，官府铸造的银两看起来像船，重量主要分50两和10两，这样的银两直到民国才废弃不用。白银在市场上大量流通，产生了许多与之相关的行业，如银货币制造、兑换、成色鉴定等。

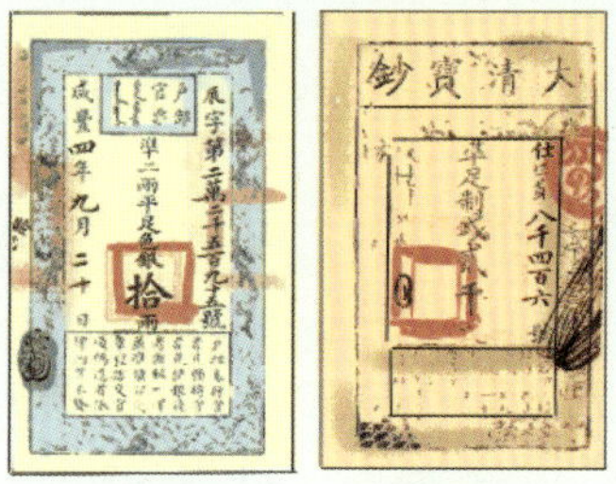

银票　　钱票

清政府还发行了银票（官票）以及钱票（大清宝钞），面额种类很多。

# 在民国，拿着银元逛上海

1912 年，中华民国建立。传统的银两不再使用，人们使用的钱币形式发生了变化，银元成了主要流通货币。

## 中国银行诞生了

1905 年，清政府设立了户部银行。1908 年，户部银行改名为大清银行，它就是中国银行的前身。大清银行主要负责整顿币制、发行货币、整理国库，行使中央银行的权力，是第一家中国的中央银行。1912 年，经孙中山批准大清银行改为中国银行，行使当时政府中央银行的职能。

永兴斋蛋糕店的大招牌。

门前悬挂的可不是白色气球，而是一串串猪尿泡。这家店专门售卖生熟白油、猪下水等。

这是鸿星永记的大招牌，它家售卖珠宝。

蜡烛店门口悬挂着一排蜡烛。

这家店门前悬挂的是梳子，主要售卖梳子发箍等。

## 银元的天下

1912 年，为了稳定经济，统一货币，当时的政府开始铸造银元。1933 年，国民政府发行了一种新式的银元。银元正面为孙中山像，背面为海帆船，俗称“船洋”。

“船洋”银元

## 民国时期的商业推广

西方列强的坚船利炮敲开中国古老的大门之后，外国商行进入中国，为了销售商品进行了大规模的广告宣传。外国商行的宣传产品以洋货为主，如香烟、化妆品等。后来，中国商行为了做生意，也学会了用广告做宣传。下面我们来看看民国的这些广告，你知道它们都是卖什么的吗？

药品

电池

牙膏

化妆品

## 民国的特色广告——幌子和大招牌

民国时期出现了不少有名的商业街，有许多老字号店铺入驻，店铺上有各种各样的大招牌，悬挂着形形色色的幌子，明确告知来来往往的人们店里卖的是什么。

这是一家鞋子专卖店的大招牌。

# 新中国初期，需要用票买东西

军阀混战、抗日战争、解放战争……经历了艰难险阻，中国人民终于在中国共产党的带领下于 1949 年建立了中华人民共和国，人民币成为唯一的合法货币。新中国成立初期，物资极度匮乏，粮食、肉菜、布匹等不能满足全国人民的需要，中央政府开始酝酿计划供应，国家开始发行粮票、布票等各种票证。

## 怎样获得票

有些人的票证是由所在工作单位统一发放的，有些人的票证则需要到自己到户口所在的粮店领取，还有些票证先下发到街道，再由街道分发给辖区居民。

## 各种各样的购物票

这段时间，如果有钱没票，是买不了东西的。这里有各式各样的票证，看看它们都是用来买什么的？

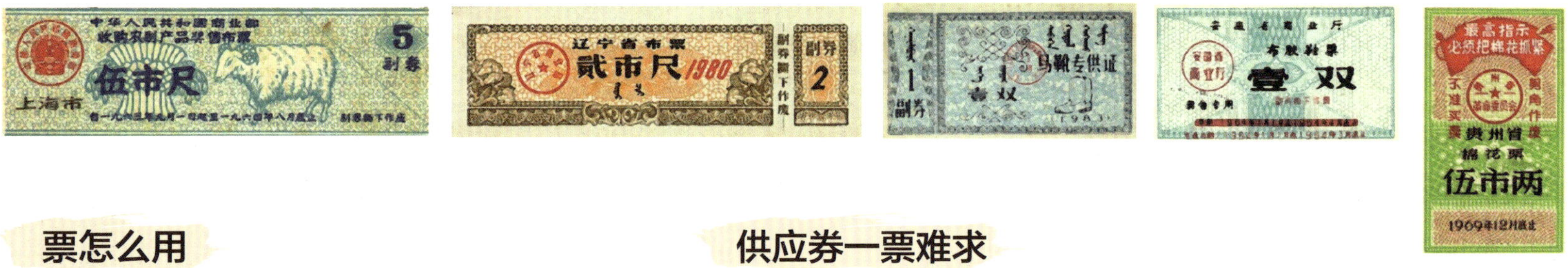


## 票怎么用

粮票无疑是最重要的票证了。以此为例，人们每个月都会拿着粮票到户口所在地街道的粮店购买计划粮，而且只要是和粮食有关的食品，都必须用粮票购买。粮票上的市斤，就是这张票能够买到的粮食重量。

## 供应券一票难求

那个时候，购买生活必需品需要用到相关票证，手表、自行车、缝纫机、电视机等家用电器，也需要用相应的供应券来购买。因为数量有限，每个单位只能分配到很少的指标。

## 去供销社买东西

在买什么都得提前计划的年代里，人们不仅得有相应的票证，还得去供销社才能买到东西。供销社大概就是当时设立在城镇的“市场”，所有商品由相关部门统一定价。

# 改革开放后，百元人民币出现了

改革开放以后，各种票证逐渐消失了。此时人民币最大的面额是 10 元，分钱、角钱则更常见。20 世纪 80 年代后期，才出现 100 元的人民币。

## 经历 5 次变革的人民币

人民币发展到今天，经过了 5 次变革，我们一起来认识一下不同版次的人民币吧！

**第一套人民币**

发行时间：1948 年 12 月 1 日

人民币上的图案主要是各行各业热热闹闹的工作场景和人们生活的场景。

**第二套人民币**

发行时间：1955 年 3 月 1 日

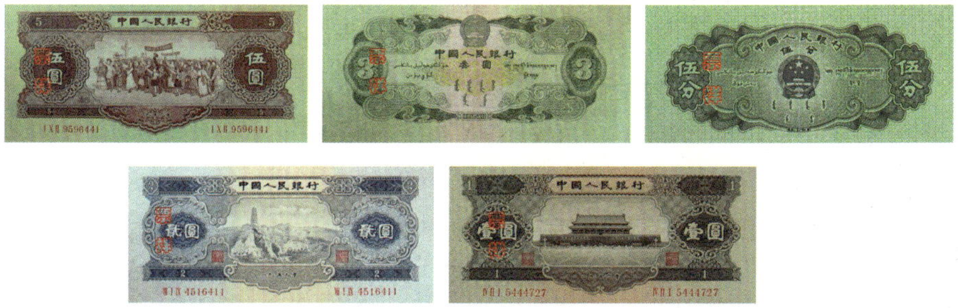

为解决第一套人民币面额过大、印制质量较低的问题，同时完善不健全的货币制度，国家决定发行第二套人民币。

**第三套人民币**

发行时间：1962 年 4 月 20 日

这套人民币与第二套人民币相比，取消了 3 元纸币，增加了 1 角、2 角、5 角和 1 元四种金属币，保留了 1 分、2 分、5 分纸币。

**第四套人民币**

发行时间：1987 年 4 月 27 日

第四套人民币的票面体现出了在中国共产党的领导下，各族人民团结一致、意气风发的精神风貌，50 元、10 元、5 元、2 元人民币正面的人物都是各族人民代表。背面的图案则是各地风景名胜，让人大饱眼福。

**第五套人民币**

发行时间：1999 年 10 与 1 日

第五套人民币取消了第四套人民币里的 1 角、2 角、5 角和 2 元纸币，恢复了 20 元纸币。每种纸币的正面都是毛泽东主席的头像，背面的图案多为风景名胜。

## 带着人民币去大型商场实现一站式购物

一站式购物是指人们可以在一个地方买到几代人需要的日用物品，还可以就餐、看电影、玩耍。这类商场经营规模较大，品种齐全，一起来看看这一家人在买什么吧！

# 21世纪，数字化支付如火如荼

足不出户就能缴水电费、衣食住行都能用手机搞定、打开手机扫二维码就能付款……我们日常的生活与互联网息息相关，十分便利。那么，网购的商品是如何一步步送到我们手中的呢？

用手机在网络商店挑选，然后下单。

如果购买的商品位于你所在的城市，快递员会立刻从商店里把打包好的商品送给你，当天就能收到。

有些产品会直接从工厂打包发出。

商品被装进打包盒里。

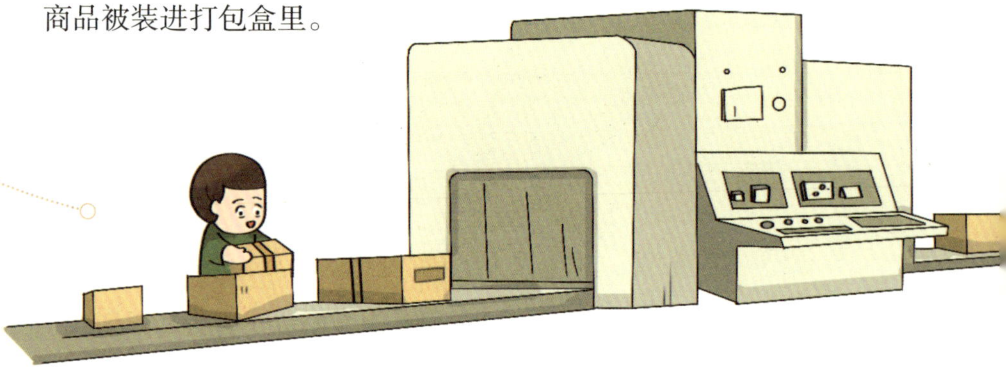

## 无人售卖的方式出现了

随着网购方式的持续升级，实体店铺也越来越高科技，没有营业员和收银员的超市已悄然来到我们的身边，快去周围探索一下吧！

### 无人售卖柜

人们选好自己要买的物品后，只需要用手机扫码或刷脸付款，即可出货。如果付款不成功，货物就不会出柜，还有的售卖柜可以通过扫码或刷脸的方式打开柜门，人们拿取自己想要的商品后，程序会自动结算，再将扣款信息推送到你的手机上。

### 不一般的无人酒店

无人酒店，不需要交押金，没有一个服务员，可以自主办理入住和退房。

贴上封条。

快递员从货架上拿走属于自己的快递单及货物。

> **小知识**
>
> **网购如何付款**
>
> 确定购买某件商品后，你可以选择收到货物后再付款给快递员，也可以选择在手机上直接进行线上支付，这需要开通网上支付的银行卡。你还可以在手机上扫描指纹即可成功支付；直接刷脸也可以付钱。但是，不论是什么付款方式，花的都是银行卡里的钱。

快递员负责运送货物。

货物乘坐飞机、货车、火车或者轮船，顺利地到达你所在的城市。

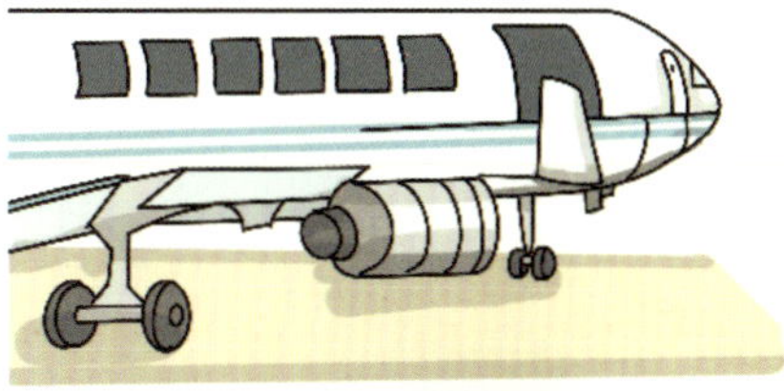

快递员将货物送到你的手中，希望得到您的五星好评。

**方便的无人超市**

你体验过没有售货员、没有收银员，购买一切物品全靠自己操作的无人超市吗？自由自在的购物体验一定很好，快搜索你家周围有没有无人超市，快去体验一下吧！

# 未来，我们的购物方式会变成什么样呢

随着科技的发展，我们的购物方式或许还会发生翻天覆地的变化，那些曾经存在于科幻片中的场景或许会成为最普通不过的日常。

在不久后的未来，已经成为大人的你想买什么东西、用什么买、去哪里买、又会怎么买呢？快用笔画下来，告诉你的爸爸妈妈吧！